doslo mi je...
ZIVOT

Irena Cindrić

doslo mi je...ZIVOT
Sva prava pridržana
Tekst i ilustracije © 2024 Irena Cindrić
Boriš, Croatia
Prvo izdanje, rujan 2024.
Izdavač: irenica
Tekst i ilustracije: Irena Cindrić
print on demand: Lulu

Ovo djelo je zaštićeno autorskim pravom. Nijedan dio ovog djela ne smije se reproducirati, distribuirati ili koristiti u bilo kojem obliku bez prethodnog pismenog dopuštenja autora.

paperback: ISBN 978-953-50967-1-9

CIP
CIP zapis je dostupan u računalnome katalogu nacionalne i sveučilišne knjižnice u Zagrebu pod brojem 001239020.

Za zahtjeve za dopuštenjem obratite se:
irenica.ic@gmail.com
posjetite www.irenica.eu za više informacija

WARNING!

Please read the terms and conditions before use.
Tick the box when ready to proceed.
For safety measures, imajte jedan apaurin pri ruci i casu vode. Moze i molitvenik, za svaki slucaj da se mozete pomoliti za moje nesavrsenstvo.
Unaprijed hvala!

knjiga je napisana za moje najmilije i eventualno za pokojeg zalutalog prolaznika bez mobitela sa konstipacijom

SVIM ZNALCIMA HRVATSKOG JEZIKA

Ova kniga nike lektorirana. Nije ispravljana, uljepsavana, ni korigirana na bilo koji nacin. Ostala je u svom prvobitnom stanju, bez ikakve modifikacije. Bez čžš a, bez tocke, zareza, navodnika i ostalog... sa par tipfellera...i gresaka u padezima... da ne nabrajam dalje.

Autor ne preuzima bilo koju odgovornost, za stete na neuroloskom nivou koje mogu nastati tijekom citanja zbog gore navedenih gresaka

Autoru je dosta savrsenih, uljepsanih, korigiranih i ispeglanih, lica, tijela, misli, izrecenih recenica poza i zivota.

Knjiga je autenticna, nepromijenjena I nesavrsena, bas po ukusu autora.

Hi

Lebdi, sjaji, lebdi, lebdi

Lebdi, lebdi, voli, lebdi

Siri, voli, lebdi….

Hej ti, je li ti bilo dosta savrsenstva? Zelis malo avanture?

Malo uzbudenja i razonode?

Mislis jesam li se pozeljela skolice i razvoja duse?

Pa cim pitas, valjda je vrijeme mog odmora zavrsilo?

Hajde, moze!

Gdje se ide ovaj put

Zemlja?

Zar opet?

Da opet!

Zasto opet tamo?

Po mom saznanju, cek da vidim.

Imas: 3 velika duga i nesto sitno malih prema drugima a tebi dodu jos 3 velikih i 5 malih. Neka lijepa ravnoteza ovaj put. Nemoj z.znut!

Lako tebi reci!

Ali hajmo!

Red je tamo.

222222222222

O Boze koja guzva.

Sta ocekujes? Peak season[1], vrijeme Bozica je uvijek atraktivno. Hahahaha

[1] vrhunac sezone

Nesto vremena kasnije…..

Dodem na salter

Dobar i sjajan omni zivot vam zelim.

Hvala takoder.

Danas putujete?

Da, danas je taj dan.

Sretno.

Hvala

Zavrtite kolo… nek vam je sa srecom…..Kolo se vrti…. Vrti …. Vrtiiii i eto … skoro je stalooooo, skoroooooo, i eto ga stalo je naa AFrici.
Ufff… to moze biti tesko ovaj put.

Izvolite, tu su vam upute za ispujnavanje formulara.
Uzivajte, lijepo izaberite.
P.s. temeljito procitajte zadnjih 100 stranica sitnog teksta jer naknadne zamjene nema, niti se uvazavaju naknadne zalbe.
Hvala, procitat cu.

Dakle da vidim.

Destinacija : Zemlja

Ok, been there, done that.... Not good, not terrible[1].... Moze.

Ponovit cemo. Mozda bude zanimljivo i bilo bi super nesto novoga probati.

---

[1] U redu, već sam to prošla. Nije bilo dobro, ali nije bilo ni strašno

Oh God[1], nije valjda to odjeknulo pucinama svemira?

Tihooooo. Tiseeeee misli….

 Neces valjda chicken out[2]? Zar vec?

Nismo ni krenuli na put. Hahahaha

[1] oh Bože
[2] odustati kao kukavica

Species: Human[1]

Ok

Gender[2]: Zensko

Parents and siblings[3]:

Cek da malo vidim… nije da sam picky[4]… stvarno nisam…. Ali ipak, volim birati…

A vidi ovaj par, super zgodni! On mi se cini jako miran a ona se cini ziva, da nema mira!

Savrseno, dobra kombinacija, ja muslim.. A i dogovor je dogovor!

[1] čovjek
[2] spol
[3] roditelji i braća/sestre
[4] izbirljiva

I jos uz to imaju najljepsi osmijeh na svijetu, i jedan i drugi....

I vidi gratis dobijem jednu preslatku seku!

Super. Iako, cekaj, ne cini mi se bas nesto jako vesela ta malena?

Da nisam fulala mozda? Krivo odabrala?

Ili sam je samo ulovila u krivom trenutku?

Gotovo je!

Ne moze se brisat.... Tu je sta je!

Idemo dalje!

Sta tu pise?

Class: ma ovaj put bi mozda izabrala mix- hybrid klasu. Nesto drugacije?

Hhhmmmm…. Ejjjj …..mali savjet … ako mogu?

Ej pa di si mi ti?

Long time no see[1] ovako, ovdje. Jao, sto si mi faliooo.

I ti meni

Kad cemo opet na jednu partiju?

Evo uskoro, obecajem.

Svjetlosna pusa i jos jedna i jos jedna i jos jedna

[1] dugo se nismo vidjeli

Vidim da planiras hybrid klasu.. Ja ne bih da sam ti.

Teoretski klase se mogu miksat ali nije tako dobro miksat jer neke ne idu dobro zajedno... nemaju komplementarne spell-ove[1]. Iskreno dosta je tesko napraviti dobar multiclass build[2]. U biti krenes sa jednom klasom i onda u nekom trenutku se uzimaju leveli u drugoj klasi. Tako da se nikad ne dode na maks level ni jedne ni druge.....

[1] čarolija
[2] višeklasna gradnja lika - izraz koji se koristi u kontekstu igara uloga, poput Dungeons & Dragons (D&D)

Vidim da si bas well-informed[1]. Hvala ti! Dobro da si mi rekao.

Hoces skip[2]-at red pa ici ispred mene... hahaha... da ti vodis ovaj put.

Pa ne treba hvala, nisam puno dalje ja, odmah iza ugla, za cas ce red na mene doc.

I da ti kazem...Jedva cekam ovaj put, imam u planu puno skill[3]-a, puno mane, mislim da cu si zakomplicirat ovaj put.. Ali onako, da mi bude najteze u srednjim godinama do neke tamo 35.... ali zato onda .....wuuuuhuuuuu...high life[4], puno uspjesnih grata e vinci[5], i da vidis! Zivot iz snova....

Cekaj nesto me zaslijepilo, koja ogromna svijetlost!!!

A pa da, to si ti! Di si mi!

Hehehe, ja sam, tko drugi bi to bio.

Ejjjjjjjjj! Hellooo!!!

---

[1] dobro informiran
[2] preskočiti
[3] vještina
[4] luksuzan i raskošan životni stil
[5] grebi i osvoji

Ejjjjjjj, pa i ti si tu!

Koja divota! Long time no see! Bas si mi falila!

Puse, puse, cmock, cmock, pusa pusa, cmock, cmock, pusa,pusa… daj prestani…. Hahahahaha falila si i ti meni.

Ja sam jos dalje u redu. Ja imam neki broj na 13…

Daj, da ne gubimo vrijeme, ni vrag da se toliko ceka kad ima toliko neodlucnih. Hhaahaha

Hocete se trkat? Pa tko prvi stigne ide prvi?

Ne, ne, ja ti se ne trkam.

Necu ni ja, izgubit cu, a ne ceka mi se vise red.

Drugi put obecajem.

Hahaha wusses[1]! Hajde dobro.

Nego ljudi moji, diversity[2] je super! Da smo svi isti ne bi ova skolica bila na tako dobrom glasu. Iz nje izlaze sve sami univ . spec . mag . . .

Jaooo sto sam sretna. Bas se veselim sto ste oboje tu! Sad sam mirna, idemo opet kao Ajme Meni Trio Mio.... jupiiiii

Ma super! Good luck! Volim vas punooooooo! ! Vidimo seeeee! Moram ici!

---

[1] kukavice
[2] raznolikost

Ok znaci.... class: druid, wizard, warrior....?

2 sata kasnije....

Gotova!

Jupppiii.

Character sheet

Name: . . . . Irena Avramovski
Species: . . . . Human
Planet: . . . . Earth[1]
Continent: . . . . Africa
Level: 2222
Mana: . . . . disciplina
Skills: . . . . razno
Gold: . . . . puno
. . .

[1] planet: Zemlja

Dobro dosli na let 505 sa crtom.

U sjedalu ispred, u slucaju congestion[1] zbog negodovanja vezano uz vasu odluku o odabranoj destinaciji i smjestaju, imate bombone bronhi lakse se dise. To ce vam biti dovoljno dok ne udahnete prvi udah na vasoj novoj lokaciji.

U dzepicu jakne za spasavanje imate cijeli stash[2] bajadera, to ce biti dovoljno da vas utjesi i uljepsa putovanje.

Molim vas udobno se smjestite, zatvorite oci, i uzivajte u letu.

[1] zapušenost (nosa)
[2] zaliha

Svaki od vas ce biti smjesten u eksluzivni privatni smjestaj- u 5 zvjezdica hotelu, sa punim pansionom, 9 mjeseci do vaseg konacnog dolaska na svijet- na zemlju. Smjestaj sa besplatnim jelom i picem, besplatnim wifi- em i izvrsnoj komunikacijskoj mrezi. Za kontakt sa recepcijom, moyete koristiti mrezu mind to mind[1] ili u slucaju prekida veze, mozete se samo istegnuti i tako direktno kontaktirati recepcionera.
Pogledajte listic ispred sebe sa ocjenom i dodatnim informacijama vezano uz vas pocetni smjestaj.

[1] od uma do uma

Hvala vam na povjerenju i ugodan let.

Ugodno iskustvo vam zeli - vas Universum.

Your trust-worthy partner in existence[1].

Potpis:
$u^n_i{}^v_e{}^r_s{}^u_m$

[1] Vaš pouzdan partner u životu.

Ajme kako nice[1]! Veselo je ovdje, puno smijeha, glazbe, kretanja i dobrog drustva. Cini mi se da sam dobro izabrala.

Puno se trese doduse, pa nikako odmorit kao covjek.

Haahaha

Bit ce zabavno, vec osjecam

[1] lijepo

Krccccccccccccccccc joj

Izgleda da je pojas na sjedalu zapeo, malo sam ga strgala…. Ups, sorry… ajojoj nisam ponjela bronhi… pun mi nos slina… slinava sam.

Hvala sto ste me obrisali, ali moze li to ikako malo bolje, cini mi se da bas….

Ocito ne

Nema veze

Ciao mama,

Bas si mi chic[1]. Cek. ti mora da si neka stara dusa Egipta. Vidi kako si lijepo nasminakana, bas Egyptian style! I to na porodu. Bome!

Nego, sad kad smo se vec upoznale...

Imali tu sta za pojest?

Plakat cu.

Potiho da ne probudim ostale

---

[1] šik - nešto što je elegantno, moderno i stilski

I tako je poceo moj zivot. Slinavo i ne nimalo tiho. Tiha sam bila ja ali oko mene kaos i u tom kaosu jedna hrabra pribrana zena, moja majka. Hrabra na mom dolasku na svijet i kasnije hrabra i na svom izlasku sa ovog svijeta.

Vrlo rano sam shvatila da je ona ustvari jedna vrlo posebna dusa. Bila je lijepa! iznutr a i izvana. Ne samo lijepa, bila je energicna, puna zivota i puna duha. Privlacila je sve svojom karrizmom i osobnoscu. E sad svaki plus ima i svoj minus....mi ukucani smo je zato morali dijeliti sa drugima,jer imala je uvijek toliko toga za napravit, odradit, vidjet i dozivit.
Zracila je pozitivom na kilometre, osim kad bi je furija[1] uhvatila onda je bilo, rep pod noge i stura.
Doduse, ne cesto ali ipak….. Sturaaaaaa, bjeziiiiii glavom bez obzira.
Srecom, kratko bi to trajalo pa nije bilo strasno.
Hmmmm… poznata prica.. Sta su ti geni. mmmm

[1] bijes

Nasa prica je isla uzlaznom putanjom, trebao nam je cijeli jedan zivot da bi razumijele jedna drugu i da bi uvidjele i naucile cijeniti kvalitete one druge.
Ali sta nije to lijepo? Kad slag dode na kraju, a ne obrnuto. Destinacija vrijedna svake prepreke na putu Ma divota, put vrijedan puta.

Mama volim te!

Gdje sam ono stala?

Aha, da....Dolaskom kuci, otvara mi se citav novi svijet mira, sigurnosti ljubavi i bezbriznosti....

I tako sve do broja 13.

Taj broj 13 mi je ocito bitan broj u zivotu.

Sa 13 su me roditelji poslali u Hrvatsku kod moje none Slavice u Rijeku.

Nona, Nonili kako sam je zvala od milja, je bila nevjerovatna. Ja sam je voljela najvise na svijetu. (Kratka digresija - Moja obitelj ima jake zene u svojoj lozi. Moja Nona, sa 78 je mene, teenagericu od 13 pazila i cuvala i brinula o meni. Kapa dolje! Nije joj bilo lako! Sorry Nona. Nije bilo namjerno, hormoni i tako to… hmmmm)

Neizmjerno joj hvala na svemu. Ona mi je bila, tad ali i kasnije, moj rock[1], moja zvijezda smjernica , primjer kakav se treba biti, i kava bih zeljela biti.

Malo me Universe[2] previse doslovno shvatio, pa je vodio racuna i da izgledom licim na nju. Da bi to bilo moguce, malo kose je trebalo skinuti sa glave i kicmu je trebalo pripremiti da u njenim godinama imam malu grbicu.

E pa trenutno pregovaram, te bi stavke izbrisala... cekam aneks ugovora, pa da krenem dalje.

Dan danas kad je se sjetim, a to bude cesto, sjetim se njenog dobrog srca, cvrste ruke i vesele prirode. Zar je moguce sve to u jednoj osobi?

[1] stijena
[2] svemir

Da,da, moguce je.

Vjerojatno nisam realna, ali bas me briga!

Ona je moja, najsavrsenija, bas takva kakva je bila.

Nona volim te!

Zaboravila sam kako to ide. Da li i njih biramo ili sam eto ja dobro izabrala mamu a ona za mene fantasticno izabrala svoju.

Kako god da jeste, izvrsno je ispalo.

I danas se ulovim kako mislim kao ona. Njene rijeci su ostale duboko usadene u meni… dobro je da je bila mudra i pravedna… ne bi bilo dobro inace. hahahaha

Uglavnom sa 13 ulazi u moj zivot i Ivan.

Tall, ne dark ali jako handsome[1].

I tu krece moja romansa u zivotu koja prolazi sve stadije razvoja da bi se pretvorila u leptir. Doduse tek nam je vidjeti da li je moth ili butterfly[2]. Obje varijante su divne samo je pitanje ukusa i namjene. Je li za uzivanje ili za edukaciju. Ili je malo i jedno i drugo. hahahaha

[1] Visok, ne taman ali jako zgodan.
[2] noćni leptir ili leptir

Ima li nesto izmedu nocnog leptira i leptira?
Mora bit, ali mi ne pada na pamet. I mislim da smo to mi. Dva putnika, dva derista koji rastu zajedno i zajedno kroce kroz zivot. Gazimo si mi po prstima ali nekako i speremo blato jedno drugome sa istih tih prstiju kad treba. Jednom drugom pomazemo… pruzamo potporu, sigurnu luku kad treba. Zadajemo si i zadatke…e sad, tko je pametniji pa teze zadatke dobiva… u to necemo ulazit. Mozda drugi put hahaha

Toliko smo dugo zajedno, tako da ga volim cak i kad mu sve po spisku, kad me nervira van svake mjere i kad bi ga u top stavila. Ispalila bih ja taj top, i to top speed i location unknown[1], ali bi sa njim poslala debeli madrac da mu ublazi pad da se ne ozlijedi, pripremila bi stol u hladu, gdje ga ceka hladna piva, pomfrit i hrenovke.... i 72 virgins[2], jedna ljepsa od druge. LOL Dream on[3]! Ne bas!
Ali blizu, moze sve osim ove zadnje stavke!
To krizam! Not in this lifetime, not in a million years[4]. Nek mu to ostane za neki drugi life! Samo ako budem ja u tom zivotu, moram si smisliti pametnu ulogu. Not a wife[5]!

* Molim uzeti ove opise sa dozom rezerve i smijeha..ni pod razno bukvalno, jer je to samo alegoricni prikaz stanja svijesti i duha u tom trenutku

Ivane volim te!

[1] najveća brzina i lokacija nepoznata
[2] djevice
[3] nastavi sanjati / nerealno ili nemoguće
[4] Nikad u životu, ni za milijun godina.
[5] Ne supruga!

Kad smo vec kod zadataka, zadaci stizu ciklicno, kao sto se ciklicno izmjenjuju godisnja doba, noc i dan... tako i meni, svako toliko neko iznenadenje pokuca na vrata. Uvijek novog, drugacijeg sadrzaja, intenziteta i duzine trajanja. Univerzum me ocito cuo kad sam rekla please nesto novo nesto drugacije.

Hej Universe, daj malo, ne shvacati sve per se... malo daj prostora autorskoj kreativnosti ... mislila sam na uzbudljive stvari kao putovanja, znanja, priznanja... sve na anja.... A ti meni dao are, esti i enja. Morat cu malo to bolje iskomunicirati drugi put. Malo to detaljnije napisati.

Sreca pa se uvijek sve nekako dobro rijesi!

Izgleda da sam ipak rođena pod sretnom zvijezdom, kako mi je jednom rekao jedan mudar indus koji mi je gledao u dlan i u horoskop.

E da, vratimo se na broj 13, meni najsretniji broj. Samo sam jednom igrala rulet. Odigrala sam broj 13.... I pogodila.

Jest da sam ulozila najmanji bet[1], pa pobjeda bas nije bila spektakularna, ali zato osjecaj, osjecaj je bio velicanstven. U tom trenutku, nastao je kaos. Na sekundu mi se otvorio prozor u neku drugu dimenziju gdje sam se sljubila sa svim svojim precima. Bilo ih je na stotine. Koja buka u glavi! Svatko je nesto govorio ali najglasniji su bili kockari, poznavatelji tajna svemira i cuvatelji tajnih znanja. Navijali su, govoreci jedan preko drugoga,

---

[1] ulog / klađenje

eto i mala je na nas povukla, znao sam ja, nasa je, probudila se, gle cuda… divno, sad cemo se cesce druzit.
Koji divni susur!

Hehehe.. E pa u tom trenutku sam shvatila da sam sposobna podjednako za velike stvari kao i za male ali slatke kao recimo pogoditi broj od 1 do ……….(pitat Dorjana do kojeg broja ide) I to kao iz topa, bez greske. Kako dobro! I like this[1]
Iskreno, nije me iznenadilo,znala sam ja to, negdje duboku u sebi, osjecala sam ja to!
Koja divota! Uzbudenje na max.

[1] Sviđa mi se ovo

Nego da se vratim na broj 13.

Dvoje od meni najdrazih ljudi na ovom svijetu, u ovom zivotu, su rodeni bas na taj datum.

Moj otac, moj Zikica, moj najdrazi, najstrpljiviji i najljepsi tata na svijetu. Stvarno je bio lep covek.

Igrom slucaja, odnosno igrom zivota, nismo puno ljeta zajedno proveli. Umro je u 62 godini zivota, u njegovom gradu, u njegovoj kuci, sa njegovim najdrazim bratom u blizini.

Nakon jedne vecernje rakijice, caskanja o unuku, ugodno se smjestio u krevet i u snu otisao dalje. Ne mogu ni zamisliti koliko je bratu Todoru to bilo tesko. Njih dvoje su se bas voljeli, posebna je to bila ljubav. Tata je otisao sretan, rekao bye, see you later alligator[1]. ... i samo zbrisao, lijepo, mirno a iza sbe pustio gomilu ljudi kojima je celjust visila do poda u soku. WTF dude[2]?

---

[1] Doviđenja, vidimo se kasnije, krokodil. (Ovo je slobodan prijevod, jer nema direktnog ekvivalenta za ovaj izraz na hrvatskom, ili mi ne pada na pamet)
[2] Pa, što je ovo, do vraga?

Wow... te powers[1] bi i ja. Moram ih aktivirati na vrijeme. Zapalit cigaretu, popit koju rakijicu i rjesavat krizaljke .. to je obozavao...naravno sve to umjereno i polako, bas kako je radio to i on. Nekad i na skrivecki... cek - to sam vec, tako da to ne bum ponajvljala.

Uglavnom, mozda da smo se vise druzili mozda bi se nas odnos i stigao malo i izmijeniti...postati malo i sour[2]. Kao sto se to zna nekad i desit sa vremenom i sa najboljim odnosima. Malo tu, malo tamo, pa krc tu, kvrc tamo i dode do ogrebotine, izlize se, razbije se ili raspadne.

[1] moći (Superheroji imaju nevjerojatne moći)
[2] kiselo (odnos se pogoršava)

Ovako, on je ostao na piedestalu, skoro pa savrsen, bez vecih gresaka prisivanih na ovozemaljsko odijelo. Da se ne lazemo, imao je on svoje mane, svoje rane iz djetinstva i ovog zivota a bome mozda i iz prijasnjih, koje su krvarile i stain[1]-ale okolinu. I nas bi se slucajno u prolazu dotakle, ali to sve potpuno nesvjesno i nikad sa namjerom da nas povrijedi.

[1] fleka

Tata volim te!

E sad druga osoba koja je rodena 13, je moja Lorica,
moje sunce najzarkije(vidi stranicu 26),
moja ljubav najveca.
Moj najveci ucitelj u mladim danima i moja najsjanija
zvijezdica na nebu.
Ona je moja ljubav, moja dusa, moje sve.

Lorica moja, lavica moja, velikog i postenog srca ali nikako labra d'or[1]. Kad ona ima nesto za rec, nema greske! Jasno, direktno i nekad nimalo takticno. Iskrena do srzi, granicno bolno.

Nije dzabe ona stara poslovica : Ne diraj lava dok spava, a kod nje ide ne diraj moje sve koje volim ni dok spavam ni dok sam budna, jer ne pise ti se dobro!

U taj njen krug idu svi, obitelj, prijatelji, poznanici koje cijeni, slabiji, nemocni.

Bori se ona bas lavovski za njih.

[1] zlatna (nježna)usta

Ma znala sam ja i dok je malena bila, da je posebna. Znam, znam, sad bi trebala reci da smo svi posebni i da smo svi isti... i to je istina.... Ali ona je mom srcu bliska i zato meni posebnija.

Nekoc sam joj ja bila podrska, onako nevidljiva jer je Lorica moja sve sama htjela. Dobro me izvozala. Morala sam ukljuciti stealth[1] na 100 da bih je mogla pratiti, i to iskljucivo u incognito mode[2].

[1] nevidljivost
[2] prikriveni način

Fast forward[1] 26 godina, ona je sad podjednjako moja podrska kao i ja njezina.

Sta bi ja da mi je nema, da je odlucila i ona rec, vidi ova dolje, ni tri postena zgiba ne moze napravit, f.ck this, I'm outta here[2]...

Neznam sta bi bilo ali bilo bi pustije, praznije i manje lijepo, to znam.

Ovako ja uzivam!

A sto se tice tih zgibova, tko zna, mozda... zivot je pun iznenadena!

Vjezbam ja, svako jutro kad se probudim....

Vizualiziram ja to... bit ce... sigurno... stvar je vremena... znam ja to, negdje duboku u sebi, osjecam ja to!

---

[1] brzo naprijed >>
[2] Idem odavde! / Zaboravi!

Moram ja to odradit! Kako cu inace skitat okolo sa mojom Loricom? Ici na kave, na breakfast, lunch ili dinner[1] negdje. Ici na more, u setnje, ubrdo i nizbrdo. Putovat po svijetu, nunat, gurat i animirat buduce Alfa genracije. Moram biti fit, da budem al pari mladima.

Dakle Irena! Chin up[2], utege u ruke, utege na noge i onda u lagani kas a onda ubrzaj i pri tom zadrzi osmjieh, jer znas kako kazu mudri?

Sve radi sa osmijehom, sa voljom, sa excitement[3]-om i onda dolazi uspijeh!

Mora se ponekad malo priceti dok signal ne prode, ali... tko ceka taj i doceka... tako da... Taj dio odradim savrseno. hahaha

Lorice srecice mamina, have faith[4]. Mogu ja to. Here I come! Fit kao fiddle[5]! Spremna za akciju!

[1] doručak, ručak ili večera
[2] glavu gore
[3] uzbuđenje
[4] imati vjeru
[5] Evo me! U top formi.

Lorice volim te!

Voli te mama najvise na svijetu sreco moja najsrecija.

E samo malo, da se ne umislis malena moja, dug je jos put pred tobom, jos skolice, jos iskusenja, jos odpustanja starih trauma - nadam se samo tvojih a ne i generacijskih.

Te generacijske, nadam se umiru samnom. Ne idu dalje.

E sad, ovo stivo je najmjenjano da bude lagano stivo, stivo koje se cita na wc-u ili u vlaku (hrvatske zeljeznice- brzina puza na thc-u) kad ti se oci zatvaraju od umora i dosade a glumis da citas da se ne vidi da kunjas, tako da sve stvari koje su mi dale grief[1] u zivotu cu nazvati skolicom, radi lakseg pracenja.

Tih skolica je bilo dosta, ima ih jos uvijek i malo vise nego sto bi covjek pozelio, ali opet ovisi koji covjek. Ako pitas nekog tko nema krov nad glavom,ili netko tko je izgubio sebi drage ljude u ratu, ili netko tko je od rodenja bolestan ili slicno, moj je zivot carolija.

[1] žalost

Dakle, ici cu s tim.

Moj zivot je carolija, ples sa zvijezdama i dobitak na lutriji.

Od ovo troje caroliju obozavam i imam je u gomilama, za izvoz cak..., za ples bas i nisam, pa to bih prepustila glazbenim virtuozima, ali sto bi mi dobro legla neka pobjeda na lotu, narocito neka malo veca, ufff, ma fantasticno!

Jao zivote , kako dobro!

Ne dobro, nego savrseno!

Ej zeno! Probudi se.

Jest da su praznici pa mozes luftat po cijele dane ali …

Rucak treba skuhat, makar neku salatu…4 sata je.

Moras i pse nahranit a i pod bi trebala pomest. Vidi na sta to lici.. Koliko dlaka!

Cringe[1], koje vracanje u realnost, zbljak.

---

[1] jeza/nelagoda/cringe

Kucanski poslovi, ma nema mi gore stvari nego sa krpom po kuci hodat, a kad tek u kupaonu mora zac onda je kao na giljotinu da idem...

Te stvari sam na upitniku preskocila, tako da ih u biti ni ne radim pre cesto. Samo po potrebi i u mjeri da zadovolji one osjetljivog zeludca. Svi oni generali cistoce i urednosti, koji hodaju po cijele dane okolo sa svojim arsenalom opreme za ciscenje, koji dobiju tikove kad se nesto ne nalazi na svojem mjestu... e pa takvi kod mene ili nisu pozvani ili odlaze sa serioznim neuroloskim ostecenjem optickog nerva zvanog ... (saznaj pa napisi*) koji je odgovoran za tikove.

* Uglavnom glavni zivac odgovoran za titranje oka je navodno nervus facialis ili kranijalni zivac VII. Sto mi je bilo jos zanimljive je to da postoje i razna praznovjerja vezano uz titranje oka. evo recimo, na nasem podrucju, titranje oka je naznaka lose srece i da stvar bude jos gora ako se nekome kaze da ti titra oko tek ce te onda snaci sve nevolje ovog svijeta.

E pa ako ste kojim slucajem rodeni u Kini, onda je situacija malo drugacija. Isto je kao kod nas, kad je desno oko u pitanju, ali ako je lijevo, to je znak dobre srece... e sad i tu je drugacije ako ste rodena kao zensko... e onda je obrnuto... hahaha. (ovo nisu provjerene informacije, tako da ne uzimate zdravo za gotovo ove podatke.) Nego, ne svida mi se sve ovo pa cu sad ja u kolektivnu svijest poslati nove informacije koje glase ovako....bez obzira na spol, ako vam titra desno oko dobit cete na lutriji ovaj mjesec a ako titra lijevo stize pobjeda na lutriji, ali ne ovaj mjesec nego iduci...

Dakle na vratima mi pise.
Beware of dog hair and fairy dust.
You never know where you can find some.
Enter at your own risk.[1]

---

[1] Pazite se pseće dlake i vilinskog praha.
 Nikad ne znate gdje ih možete naći.
 Ulazite na svoju odgovornost.

Dog hair? Od kud to sad?

E pa, ako sam zahvalna na necemu u ovom zivotu, osim na ljudima s kojim sam okruzena, zahvalna sam sto sam imala tu srecu da sam okruzena psima. I to ne bilo kojim psima, vec Labradorima. To je the best breed of all breeds[1]! To je pasmina iz snova, to su andeli bez krila. Oni su olicenje dobrote i ljubavi. Superiorna klasa, plava krv, klasa iznad svih klasa hahaha salim se pas je pas, najsavrsenije bice , kako kaze Ricky Gervais, ili nesto slicno tome. Uglavnom, slazem se sa tim, stim da u mom svijetu ipak malu prednost imaju veseljavci Labradori

[1] najbolja pasmina od svih pasmina

Tko god nema ili nije imao labradora niti nezna sto propusta

1. Dnevnu kolicinu NAJnevjerovatnije ljubavi koja bi zadovoljila i NAJzahtijevnijeg tragatelja NAJuzvisenije ovozemaljske ljubavi.
2. NAJboljeg ucitelja zahvalnosti i radosnog zivljenja u sadasnjem trenutku
3. NAJljepsi i NAJzabavniji privjesak na ovom svijetu
4. NAJvjerniji suputnik u zivotu
5. NAjsmjesniji sve

Ima tih Naj toliko puno… ali to je za jednu drugu knigu, malo poduzu.

Za sazmem, moje tri ljubavice su moje blago, moje
srecice, moje okice najljepse na cijelom svijetu.
Moja Mistica, moja Andorica i moja Askica.
cek da vidim bi li znala izraziti ovu misao
matematicki.... ljepotu zivljenja sa psima

LjZ = ljepota zivljenja

R = radost

Lj = ljubav

D = punina duse

Z = variabla (po želji)

n = enti stupanj punine duse

N = broj pasa (u mom slucaju Labradora)

$LjZ = (N*R+N*Lj+N*D+N*Z)^n$

Mistice volim te

Andorice volim te

Askice volim te

*Molim uzeti u obzir moje znanje ili bolje receno neznanje odnosno jos bolje receno ograniceno sjecanje na zadatke iz matematike kad sam bila mlada. Sve savjete kako bolje izraziti to savrsenstvo matematicki - molim poslati na sljedecu mail adresu. Uvrstiti cu ih u iduce izdanje knjige.
(Tu ide moja irenica mail adresa) *

* irenica.ic@gmail.com

Da se vratim prici, moj Dorjan , moj prvorodeni sin. U biti jedino rodeni sin.

Jedan je bio na putu, pa je valjda imao cold feet[1] pa viknuo, sole, otvori zadnja, i ispario nazad u svjetlost. Doduse neznam bi li to bio sin ili kcer ali eto zbrisao je, i ovim ga putem pozdravljam i nadam se da je nasao ono sto je trazio, i da je sada sretan.

Jednog nazalost, zbog mladosti, gluposti i slusanja savjeta lijecnika, takoder nisam imala priliku upoznati. Toj dusi, iskreno se ispricavam. Kajem se. Bas mi je silno zao da nismo imali priliku dijeliti zivot.

Dosta, cut[2], svjetlaaaa, muzika...

Dosta patetike

---

[1] hladne noge, to znači da se boji ili nije siguran u nešto što treba učiniti
[2] rez, tehnički termin koji opisuje točku gdje jedan kadar završava, a drugi počinje.

Uglavnom, da se vratim mom Dorjanu, zvijezdi mojoj najsvjetlijoj, ljubavi mojoj najvecoj.
Pa naravno, di je jedan tu mora bit i drugi. Cak i u redu za Zemlju… hahaha
(pogledaj stranicu 24)
Znala sam ja i tad i sad i from the beginning of time[1] tko je on i koliko je poseban, dusa moje, moje sve!

E sad, lijepo si mi rekao da se vidimo uskoro. Da si ubrzo i ti na redu. Ali ti si bio malo brzi od ocekivanog…..Si ti mozda preskocio red? Jesi li?Priznaj sad! Ajde! I dare you![2]
Ma ne, salim se, znam, ne bi ti to nikad.
Prije si iz milosti predao svoj red nekome tko je ispred tebe bio, da malo dobije na vremenu pa da stigne i odustati ukoliko zeli.

[1] od početka vremena
[2] Izazivam te!

Bio si hrabar, spremam uroniti u svoj detaljno isplaniran zivot pod vodstvom mene i tate tvog, dva mulca sa tek izdanim osobnim iskaznicama. Toliko mulci da smo kojim slucajem negdje nesto zgrijesili pa dospijeli pred sudom, ni tamo nas nebi tretirali kao odgovorne odrasle osobe, nego kao juvenilne[1] delikvente. Cek, to samo mene, tatu bi optuzili... on je ipak imao 20. Sa 20 se ne mozes vise izvlacit sa sorry[2], mlad sam, nisam znao.
Toliko o nasoj zrelosti.
Ali voljeli smo se i voljeli smo tebe, i to se pika, zar ne?
Imao si big cajones[3], ali to ide sa tvojim pro-levelom.... - moras biti u platinumu za to...., a to ti jesi!

---

[1] mladalački
[2] žao mi je
[3] velika hrabrost

Bez obzira na sve to, ni sad mi nije jasno zasto te nisam sprijecila kad si mi govorio o skill-ovima. Kako si si sve ISplanirao, ISkompicirao, sve moguce na IS…..

Mogla sam te tad i tamo iznokautirala, kao u crticu! BAMMM i i ISpuniti formular umjesto tebe.

A sta ces kad tamo nema tih osjecaja, samo ljubav, uvijek ljubav i nista drugo osim ljubavi.

I eto ja te ne iznokautirah.

A ti si sam ispunio sve kako si htio.

Doduse super je moj Dadica poslozio pamet, mudrost, compassion[1] i toliko drugih divnih osobina. Imao je on obzira prema drugim. Pazio da smo svi namireni. Da nije tako to poslozio, ja ne bih mogla kroz neke moje izazove davnih dana s takvoj lakocom proci. Imala sam savrsenog suputnika.

Nadam se da sam i ja njemu bila jednako snazan stup kao sto je bio on meni.

Stupovi smo i dalje jedan drugome ali cesto pise na stupovima.. Under construction[2]... pa su ponekad malo van uporabe.

---

[1] suosjećanje
[2] u izgradnji

Nike to lose, dobro je to! Treba se resetirati svako toliko, Nista novo se ne moze roditi bez nekog vida promjene. Tako i do reseta i recalibration[1]-a je najlakse i najbrze doci kad se radi u vlastitom aranzmanu kako i kada se hoce. Znali su nasi predci zasto su govorili… previse baba kilavo dijete.
Hahahaha
Uglavnom konstrukcija je pri kraju, vidim ja to, osjecam ja to, znam ja to.
Novi upgrade[2]-an stup je na vidiku… cekamo otvorenje uskoro.

[1] ponovna kalibracija
[2] nadogradnja

A onda!!! Divote! Nego...Kad cemo opet klaparit po Venecijama, Kranjskim gorama? Kako ce biti dobro....I kad ce vise taj uspjesni grata e vinci period sto si davnih dana spominjao. Bit ce top. Racunaj na mene. Znas da sam i ja z to kao rodena!
Znas, Dadice!
Da mogu, pomogla bih ti ja sa pretumbavanjem tereta, iznutra van, da ubrzam taj proces gradnje ali trvdogav si! Boze ciji li si ti? Hahaha Ne das mi nosit. Sve kao zbog moje hernija... mangup jedan.
Umjesto da si htio sam hodat kad si bio mali, a meni tezak bio, ti sad ovo sve hoces sam nosit i radit! Znam ja da ti mene pazis pa zato hoces sve sam.

Ali vjeruj mi imam ja misice, mogu ja to.... Mozda izgledam krhka, ovako sva petite i povera[1], ali ima u mene i snage i misica hahahaha.
*ovu recenicu molim procitati sa raznim akcentima i na raznim jezicima....ima tu i hrvatskog, i francuskog i talijanskog i na kraju i bosanskog.
Evo skica for reference*

* vidi omot

[1] jadna

Dorjane volim te!

Voli te mama najvise na svijetu, sreco moja najsrecija.

28.08.2024 nadopuna- update
stvari su se razvile munjevitom brzinom ....
Dadice, sreco moja!!! Izvadio si mac iz kamena! I sada ide novo doba, tvoje doba, zlatno doba! Sretna sam!

Red 1 Dadice, red 1!

Uglavnom mali, nahvalih te ali nemoj ni ti da se umislis, imas i ti skolice da odradis jos.... Kao i tvoja Lorica.
Voli vas mama najvise na svijetu.
E ako sad jedan od vas kaze.... pa da, vidi se koga vise volis.... *Skratim vam oboma JA muke.... Da se razumijemo!

Zato pssssssst.

Tiho da niste pisnuli.

*molim ne uzeti doslovno, receno je tako radi special effects i tako to... .

E sad, vrijeme je da se vratimo onoj malenoj djevojcici sa pocetka price, mojoj seki Suzani, 7 godina starijoj od mene.

Poslije sam skuzila da sam je ulovila na los dan, u subotu, kad se spremala za Yugo skolu.

Kao da nije bila dovoljna jedna skola? Ne,ne!

Vi morate u dvije!!!

Jao, sve mi je poslije bilo jasno. Cirilica, lektira, danas srpski, sutra hrvatski, prekosutra neki koji tad nisam ni znala zasto ucimo jer nisam nista razumjela.

Povijest, ne istorija, ne zgodovina… i tako dalje…..WTF?

Uglavnom brzo nas je zivot odvojio.

Ona u internatu u Engleskoj a ja malo tu, malo tamo pa opet malo tu pa na trece mjesto, pa na cetvrto. Ova skola, ona, pa treca, pa cetvrta. Dugo nisam bila svjesna koliko me sve to oblikovalo u to sto jesam danas. Iako je bilo izazovno, niti dana ne bih mijenjala.

Iz djetinjstva malo toga pamtim sa sestrom, uglavnom neke djecije prepirke oko toga tko je kome sta, i tko je koga namjerno ili slucajno ... hahaha*, ali jako se vividly[1] sjecam Nutelle.

Kad bi dolazila, svaki put bi mi donijela teglu Nutelle, a onda pazi nepravde, mama bi je sakrila od mene na vrh ormara.

---

* kazu da sam je ugrizla za gu*icu... jedva da se vidjelo... ali optuzili su me bez prava obrane... ali nije bilo namjerno... stvarno nije... pala sam... plakajuci na nju ... i eto... ispalo da sam je... a nisam stvarno... stvarno nisam...
... sorry Suzi ... nije bilo namjerno ... a što si me prije toga inznervirala... hahaha

[1] živopisno

Tragedija ne staje tamo, i dan danas ukucani stavljaju teglu na visoko, da mi nije pri ruci, jer znaju da zbog traumi iz djetinjstva… ajmo nekog krivit za ovo… ja se ne mogu suzdrzati kad je imamo u kuci
E, ali dzaba im.
Sad mogu dokucit tu teglu i bez stolice. hahahaha

Suzica i ja smo narasle, ja malo vise u visinu ali u zadnje vrijeme malo vise i u sirini. Morat cu kod nje malo na poduzi godisnji. Tamo uz dobru casuci vina, dobro drustvo i adhd kretanje po cijeli dan ima da se ekspresno vratim u prijasnje dimenzije.
Suzice evo stizeeeeem!

Eto, sad se druzimo i vidimo kad god mozemo. Da je blize bilo bi vise i cesce , ali zivot se s nama poigrao i katapultirao nas kako i gdje je koju stigao.

Neprecizne li ruke! 1800km udaljene? 1725km da ja budem preciznija.

Bogata sam ja. Imam nju, imam Sophie i Lauren, njene divne kcerkice, moje dvije dusice! Neznam koju vise volim.

I njezin Richard je moj Richard. Toliko stvari smo zajedno prosli da je cudno kako ti se covjek uvuce toliko pod kozu.

Tako je lijepo imati obitelj.

Suzice, Sophie, Lauren i Ricarde, volim vas!

Imam ja i jos obitelji koju volim i ljude koje isto tako obozavam, ali knjiga je kratka i namijenjena za citanje u zagusljivim prostorijama ili zagusljivim vagonima u trenucima kad covjek nije najfokusiraniji, pa ne moze vise od par likova pratit i pamtit.

Moram keep it simple[1]. ... za ovaj put.

---

[1] ne komplicirati

Uglavnom, umorih se i ja…od silnih sjecanja

Prije nego zakljucim…

Hvala svim ovim divnim dusama sa kojim dijelim svoj zivot.

Da nema njih, ne bih ja bila ja, kakva sam danas.

Hvala i svim mojim predcima. Koliko se samo dusa moralo zaljubit, imati obitelj i djecu i tu djecu odrzat na zivotu, da bi ta djeca ponovila sve to u svom zivotu i tako u krug. I tako, koliko samo puta, da bi ja danas bila tu. Dug bi bio taj popis. (ukoiko je netko vec radio matematiku za to neka mi javi pa cu i to nadodati u iducem izdanju)

Cudno je ustvari to. Fascinantno ako se mene pita. Njihovih grobova vec dugo nema vise, nitko ih se ne sjeca, ali oni i dsalje zive, u meni u mojoj djeci u njihovoj djeci, u nasem dna kodu. Sva njihova znanja, vjestine, osobine, ali i svi strahovi, nesigurnosti, traume, bas sve. Sta nije to fascinantno! Jos fascinantnije je da uz to u sebi nosimo i sve to iz nasih proslih zivota. Dakle cijelu jednu biblioteku. Mi smo ustvari pokretna hodajuca biblioteka. Nevjerovatno.

*Molim sve koji se ne slazu sa mojim videnjem svijeta, da mi ne zamjere. Lijepo je mastati, lijepo je sanjariti. Bez toga je zivot pust i dosadan. Ja to volim i tako zivim.

Na kraju krajeva, svako ima svoju biljeznicu zvanom Zivot u kojoj crta i pise sta ga je volja i sta ga veseli. I to je tako super. Svacija je biljeznica drugacija. I tako to treba biti.

Hvala svima!

Saljem svima, i tu i tamo, i sad i prije i… u buduce, zasto ne i tamo, poljubce i pozdrave.

Datum isteka neznam kad mi je.

Niti znam best before date[1].

Samo se nadam da je u pitanju isti datum.

U nekom trenutku dode do game over[2] i to je super da je tako.

To je prilika za novi game sa novim likom sa novom karticom.

[1] najbolje upotrijebiti do
[2] igra gotova

Nadam se da cu se ukrcat, kad dode pravo vrijeme, na isti let natrag u svijetlost, natrag kuci, gdje je sve mirno, svijetlosno i puno ljubavi i mira.

Let tu je bio ugodan, pilot savrsen, stujardi jos bolji. Pratnja i vodici kroz ovaj svijet su fantasticni i zahvaljujem im na paznji, ljubavi,savjetima, vodstvu i pomoci.

Osjecam se sigurno sa njima pored sebe. Hvala vam i budite i dalje uz mene do kraja putovanja.

Do tad, ljudi moji, volite se, uzivajte, sirite pozitivu. Boze, kad ovako pisem, vidim kako je zivot u biti skrojen da bude lijep i drago mi je da sam tu.

NAPOMENA - VAZNO!
Molim sve poznate i nepoznate da mi ukazu na ovo sta sam upravo napisala kad budem slala zivot u …. Ili kad budem njurgala, ili kad budem prigovarala i zalila se, sta na druge, sta na svijet, sta na zivot! Thank you[1]!

[1] Hvala!

Bas smo kompleksna bica a ovaj planet izgleda da je bas savrsen da se ta nasa kompleksnost moze manifestirati , ispoljiti i dozivjeti... Vrhunska platforma za vrhunsku igricu... Doker zovi...Dorjan ... kako se zove ovaj tip igrice? *

* RPG (Role-Playing Game)s elementima simulacije

Dakle, igrajte se i slusajte glas intuicije koja ce vas zasigurno voditi najboljim za vas putem kroz zivot. Pruzit ce vam more lijepih, uzbudljivih, dirljivih, smijesnih, hrabrih i ....(birajte vi kakve volite) trenutaka u zivotu.

Unlock[1]-at cete neke skrivene levele, neke teske, neke uzbudljive. Neke levele koji ce vam donjeti puno golda[2], kojeg mozete potrosit u ovom zivotu ali i u iducim, ili s kojim mozete otplatiti koji stari dug.

[1] otključaj
[2] zlato

Good luck!

Live long and prosper

And all other forms for love and light going your way![1]

---

[1] Sretno!
Živi dugo u blagostanju.
I sve druge forme ljubavi i svjetla neka ti idu na put!

Love this life![1]

[1] Voli ovaj život!

Random numerical facts[1] koji me uvijek ostave sa velikim upitnikom iznad glavom.

Pra nona je umrla mami na rodendan!?

[1] nasumične numeričke činjenice

Moja Andorica je rodena na isti dan kao moja Mistica
Moja Askica je rodena na isti dan kao i moja Lauren
Netko poseban, neka mila dusa je najavljena na moj dan, moj datum. Moj rodendan. Rodio se on na moj rodendan ili ne sigurna sam da se znamo. Ne pitati kako znam, znam.
Moja Sophie je bila najavljena za tatin rodendan
Moj je datum pun dvojki

Sestrin datum je pun istih brojeva

Tatin datum je pun 3

Moja godisnjica braka je na nonin rodendan.

Dorjanova kombinacija brojeva....to necu otkriti... ali ima i on. Osim sto je on sav u jedinicama.. U datumu rodenja.

Lora je rodena 13. kao i moj tata.

Lora je rodena 13.08. kao i njezin brother-in-law[1].

Ima toga jos ali necu vas davinjat... jedna stranica je dosta.

---

[1] šogor

Neka mi netko objasni….

Kako? Coincidence?[1]

Nope![2]

Kao i sve ostalo u ovom zivotu. I don't think so[3].

Pocnite pratiti i vi…. Carolija je tu, nama pred nosom, samo je treba vidjeti!

[1] slučajnost
[2] nikako
[3] nema šanse

Love you all![1]

---

[1] Volim vas sve!

Ps. Malo marketinga. (da pokazem da sam malo i toga naucila... evo ga call to action[1].
Svatko tko kupi ovi knjigu ima pravo na 10% popusta na iducu knigu koja ce biti uputnik za character building[2]. Ta knjiga ce vam omogiuciti da dobijete svoju, osobnu character card[3] za ovaj zivot.
A to je jako bitno...zbog reasons[4].

[1] poziv na akciju
[2] izgradnja karaktera
[3] kartica lika
[4] razlog

Thanks[1] djecici sa kojom radim - oni me drze u svijetu carolije i iskrenosti.
Love you lots![2]

[1] Hvala
[2] Volim vas puno

Thanks prijateljima!

Love you lots!

Thank you obitelji, uzi i siroj!

Love you lots!

Thanks Universe!

For everything!

Love you lots!

[1] Hvala ti Svemire!
 Za sve!
 Volim te puno!

E i da ne zaboravim....

E cekaj, samo malo, da se ne umislis malena moja,

dug je jos put pred tobom, jos skolice, jos iskusenja,

jos odpustanja kojekakve nepotrebne prtljage.

I da ne zaboravim

Irena volim te!

Naknadna nadopuna:

Sto je ovo tuzno. Kao da se pozdravljas sa zivotom.
What?[1] Sta je tako ispalo?
Nije bila to svrha pisanja!
Ma daj! Vidi, sad cu ti sve objasnit....ovako...Zasto moras na kraju zivota da se zahvaljujes. Pa to je okrutno. Pozdravis se, zahvalis i onda umres! I svima ostane gorak okus u ustima. How cruel and unthoughtful[2]... Sta nije bolje ovako, zahvalis se, pa actually[3] imas vremena uzivat, i to u stanju zahvalnosti. Znas visoke frekvencije i tako to....
Da, da. Ovako je bolje....zahvalis se i onda live long and prosper.
So, no tears, no Godspeeds[4] molim vas..... To sve moze kasnije, puno kasnije..... Negdje na kraju zivota.

[1] Molim?
[2] Kako okrutno i nepromišljeno.
[3] zapravo
[4] Dakle, nema suza, nema pozdrava

Nego da zavrsimo na vedroj noti.....

Evo jedne engleske djecje pjesmice. Moze bilo koja ali ova mi pala prva na pamet, pa nek ostane.

Rub-a-Dub-Dub

Three men in a tub

And what do they think they be?

The butcher, the baker and the candlestick maker,

And all of them out to sea.[1]

---

[1] Rub-a-dub-dub,
 trojica u kadi,
 A tko misle da su oni?
 Mesar, pekar i svijećar,
 Svi su na more zaplovili.

*nadodala sam vise praznih stranica kako bi svatko mogao za sebe nacrtati svoj crtez... svoju rub a dub dub ilustraciju.

Zasto vise stranica?

Covjek se mijenja, pa mijenja mu se i percepcija svega oko njega, pa tako i ove pjesmice....

Pa evo, masti na volji, crtajte, stvarajte ... moze nanovo i nanovo.

Svaki je crtez lijep i poseban.

Nema losih i dobrih, lijepih i ruznih.... Sve je u oku promatraca.

Svaki je poseban, najposebniji... bas za taj trenutak savrsen, sa svim svjim nepravilnostima...

Bas me zanima kakva ce biti moja iduca ..... Za koju godinicu

Crtati je lijepo!   Have fun!

Rub a Dub Dub 1.Datum:

što je pisac htio reći

ponukan by a human
non-modified AI content
100% GMO text with 0% natural human traces

doslo mi je...ZIVOT
je intrigantno umjetničko djelo koje na prvi pogled djeluje kao jednostavna, nepovezana naracija, no ispod površine krije bogatstvo emocija i dubokih filozofskih razmišljanja o ljubavi, životu i ljudskoj prirodi. Autor koristi stil koji podsjeća na razgovor s prijateljem u trenucima rastresenosti, gdje priče o bliskim osobama teku slobodno, bez striktne strukture ili uljepšavanja.

Stil i struktura
Autor namjerno zadržava izvorni oblik svojih misli, ne podliježući normama političke korektnosti ili očekivanjima savršenstva. To daje tekstu sirov i autentičan ton, često obogaćen sarkazmom i brutalnom iskrenošću. Ovakav pristup, iako može djelovati banalno i nepovezano, zapravo otkriva skrivene emocije i duboko razumijevanje nesavršenosti koje čine ljude jedinstvenima.

Tematski fokus

Svaka priča u knjizi fokusira se na jednu osobu iz autorovog života, prikazujući njihove mane i vrline, ali uvijek završavajući afirmacijom ljubavi prema njima. Ova ljubav nije idealizirana; naprotiv, ona prihvaća sve nesavršenosti i proslavlja ih kao bitne komponente ljudskog postojanja. Kroz ovu strukturu, autor nam prenosi poruku o savršenstvu nesavršenosti - ideju da su upravo naše mane ono što nas čini posebima i vrijednima ljubavi.

Dublji smisao

Ispod površine svakodnevnih priča i sarkastičnih opaski, autor se bavi dubokim pitanjima reinkarnacije, percepcije života, i naslijeđa koje nosimo kroz DNK. Kroz jednostavnu dječju pjesmicu "Rub-a-dub-dub", autor demonstrira kako se naizgled trivijalne stvari mogu interpretirati na bezbroj različitih načina, odražavajući složenost ljudske percepcije i iskustva.

Životna filozofija

Knjiga nas poziva da preispitamo naše koncepte o životu, ljubavi, i savršenstvu. Autor se suprotstavlja suvremenim standardima ljepote i uspjeha, koji često zahtijevaju besprijekornost, i umjesto toga slavi sirovost i autentičnost. Ovakav pristup je osvježavajući i poticajan, osobito u današnjem društvu gdje je sve prilagođeno i filtrirano do neprepoznatljivosti.

Zahvala i percepcija

Poseban element knjige je autorova zahvalnost svim ljudima u njegovom životu, sadašnjim i prošlim. Ova zahvalnost nije formalna ili površna, već duboko iskrena, prožeta razumijevanjem i prihvaćanjem svih nesavršenosti koje te ljude čine stvarnima.

Zaključak

"doslo mi je...ZIVOT" je djelo koje traži pažljivog čitatelja spremnog da prepozna dublje slojeve ispod naizgled jednostavnog teksta. Njegova snaga leži u autentičnosti i hrabrosti da prikaže život onakvim kakav jest - sirov, nesavršen, ali beskrajno vrijedan ljubavi. To je knjiga koja izaziva, inspirira i otvara vrata stvarnom stanju stvari, potičući nas da prihvatimo i volimo sve nesavršenosti koje nas čine ljudima.

Hvala ChatGPT-u!
Ovo je bilo skoro……
pa savršeno

:)

Irena
xxx

www.ingramcontent.com/pod-product-compliance
Lightning Source LLC
Chambersburg PA
CBHW070609050426
42450CB00011B/3024